À Laura, Élisa et Lilou, nos petites princesses !

L'imagerie des Princesses

Conception :
Nathalie Bélineau

Textes :
Émilie Beaumont

Images :
Sophie Toussaint

ÉDITIONS FLEURUS

ÉDITIONS FLEURUS, 15-27, rue Moussorgski, 75018 PARIS

Sommaire

Chapitre I

La vie de princesse

La vie de princesse

Une princesse vit dans un château, qui comprend des dizaines de chambres, de grands et de petits salons, des salles de réception, une immense cuisine, des cachots pour les méchants et des souterrains secrets…

Une princesse a pour parents un Roi et une Reine. Ce sont des gens très importants qui règnent sur un royaume. Les habitants du royaume sont les sujets des souverains.

la Reine

le Roi

Une princesse n'est pas élevée par ses parents, mais par une gouvernante qui ne la quitte pas, de sa naissance à son mariage. Elle lui apprend son rôle de princesse, veille sur son éducation et la conseille dans le choix de ses tenues vestimentaires.

Le conseiller

La princesse est entourée d'une équipe de professeurs et d'un conseiller chargés de son éducation. Nuit et jour, elle est protégée par un garde du corps prêt à donner sa vie pour sauver celle de sa princesse.

Le garde du corps

Le professeur d'histoire — Le professeur de maintien — Le professeur de chant — Le professeur de danse — Le médecin personnel

La princesse est réveillée tous les jours à la même heure, tout en douceur, au son de sa musique préférée. Dès qu'elle ouvre les yeux, on lui apporte sa robe de chambre et on lui avance ses mules pour que ses petits pieds n'aient pas froid !

Son petit déjeuner terminé, la princesse prend son bain. Elle se plonge dans du lait d'ânesse parfumé aux pétales de rose afin que sa peau soit toute douce. Puis on s'occupe de ses cheveux, de ses pieds et de ses mains. Tout doit être parfait !

La princesse se rend ensuite dans son dressing pour s'habiller. Le choix de sa tenue est important et délicat, car il dépend de ses activités et des gens qu'elle va recevoir. Sa fidèle gouvernante est toujours là pour la conseiller.

C'est aussi au dressing que le couturier personnel de la princesse vient faire les essayages des nouvelles robes. C'est toujours très long, car il faut choisir le chapeau, les chaussures et les bijoux qui vont avec.

Une fois habillée, la princesse peut commencer ses activités de la journée, qui sont nombreuses. Régulièrement, elle prend des cours de danse avec le meilleur professeur du royaume. Elle doit savoir valser avec ses robes de bal sans tomber.

Dès qu'une princesse sait lire et écrire, elle apprend l'histoire de son royaume. Elle doit tout connaître de ses ancêtres, comment ils ont conquis le pays, s'ils étaient bons ou méchants, ce qu'ils ont fait pour améliorer la vie de leurs sujets.

La façon de se tenir à table, de s'asseoir et de marcher est très importante : une princesse doit être irréprochable. Elle apprend comment faire avec son professeur de maintien, qui est une personne qui connaît tout du savoir-vivre.

Une princesse ne refuse
jamais un mets.
Si elle n'aime pas
ce qu'on lui propose,
elle en prend très peu,
mais elle doit
y goûter.

Une princesse
ne parle pas
en mangeant
et ne gesticule pas
en brandissant
ses couverts
et ses verres.

Quand elle boit
son thé, une princesse
tient la tasse dans
une main et
la soucoupe
dans l'autre.

Une princesse ne met pas
les coudes sur la table
en attendant le plat suivant.
Elle place ses mains de chaque
côté de son assiette.

Une princesse ne prend
pas ses couverts à pleines mains,
mais avec élégance,
en essayant de ne
pas éclabousser
la nappe avec la sauce
en coupant sa viande.

Une princesse porte
ses aliments à sa bouche
en restant bien droite.
Finalement, une princesse
se tient à table de la même
manière que tous les gens
bien élevés.

Pour avoir une allure très royale, une princesse doit marcher le ventre rentré, la poitrine en avant et la tête bien droite. Pour cela, elle s'entraîne à avancer avec des livres sur la tête, ce qui l'oblige à regarder droit devant elle.

Une princesse doit savoir se tenir parfaitement bien en toutes circonstances, même si elle est fatiguée ou si elle s'ennuie.

Quand un homme veut dire bonjour à une princesse, il s'agenouille devant elle et dépose un baiser sur le dessus de la main qu'elle lui tend.

Quand une princesse est en présence d'un Roi ou d'une Reine, elle se doit de faire la révérence, c'est-à-dire qu'elle doit s'incliner devant eux.

Quand elle se tient debout, elle doit rester bien droite, sans se balancer d'un pied sur l'autre.

Si elle s'assoit, elle ne croise pas les jambes. Elle tient ses genoux serrés l'un contre l'autre.

Une princesse reçoit beaucoup de lettres. Elle ne répond pas à toutes, son conseiller sélectionne les plus importantes. Son courrier est cacheté avec de la cire sur laquelle elle grave ses initiales à l'aide d'un tampon.

Elle accompagne le Roi et la Reine dans leurs déplacements à travers le royaume. Mais très souvent elle se rend seule, avec sa gouvernante et son garde du corps, auprès de ses sujets pour distribuer de la nourriture aux plus pauvres.

Une princesse visite les hôpitaux. Elle s'arrête auprès de tous les malades. Elle les écoute, leur dit un mot gentil et leur apporte un peu de réconfort.

Elle s'occupe aussi des orphelins et veille à ce que tous ces petits, privés de papa et de maman, ne manquent de rien. Elle leur donne un peu d'amour.

Certaines après-midi, la princesse organise un goûter pour des jeunes filles de bonne famille. À tour de rôle, elles sont invitées à sa table et, entre une tasse de thé et des petits fours, elles commentent les nouvelles du royaume.

Pour compléter l'éducation musicale de leur fille, le Roi et la Reine invitent des musiciens, parfois même d'illustres inconnus, pour interpréter des morceaux de musique des derniers compositeurs à la mode.

Une princesse a plusieurs carrosses à sa disposition. Les plus beaux sont réservés pour les défilés et les grandes fêtes ou pour les déplacements dans les royaumes voisins. Les plus simples sont utilisés pour parcourir le pays.

Lors de chaque déplacement en carrosse, la princesse est accompagnée de son fidèle garde du corps, de deux ou trois laquais qui surveillent les alentours et s'installent à l'arrière du carrosse et d'un cocher qui conduit les chevaux.

Lorsque leur fille est en âge de se marier, le Roi et la Reine organisent un grand bal où sont conviés les rois, les reines, les princes et les princesses du monde entier. Tous les invités sont présentés à la jeune princesse.

Pour ce grand jour, la princesse porte une robe somptueuse et de superbes bijoux. Elle doit être la plus belle, car c'est elle qui ouvre le bal au bras d'un prince qu'elle choisit parmi tous ceux qui s'inclinent devant elle.

Le destin d'une princesse est d'épouser un prince et de devenir Reine à son tour. Le jour de ses noces est un événement important pour le royaume. La fête dure plusieurs jours et le peuple se rassemble devant le château pour l'acclamer.

Pour son mariage, la princesse porte une magnifique robe avec une longue traîne. Son grand voile est maintenu sur sa tête par une couronne royale qui est dans la famille depuis des générations et qui ne sert que pour cette occasion.

Dans les pages que tu viens de feuilleter,
on a décrit la vie des princesses d'autrefois.
Dans celles qui suivent, on va te faire
découvrir des princesses célèbres
de contes de fées, comme
Cendrillon, Peau d'Âne,
Blanche-Neige...

Chapitre
II
Des princesses de contes de fées

Peau d'Âne

d'après le conte de Perrault

Il était une fois un Roi très puissant qui avait épousé une belle princesse. De leur union était née une petite fille qui faisait leur bonheur. Son royaume était riche, très riche, et sa richesse venait d'un âne. Cela peut paraître étrange, car, à le regarder, l'animal ressemblait aux autres, sauf qu'au lieu de laisser des crottes dans sa litière il produisait des pièces d'or, des centaines de pièces d'or, que l'on ramassait tous les matins.

Mais ce bonheur s'assombrit le jour où la Reine attrapa une vilaine maladie qui la fit dépérir malgré les remèdes des plus grands médecins et l'intervention des fées. Au moment de mourir, la Reine fit promettre au Roi de se remarier uniquement avec une femme plus belle qu'elle. Après sa mort, le Roi pleura pendant de longs mois. Il était inconsolable.

Mais le royaume devait avoir un héritier et le Roi dut accepter de se remarier. Il reçut beaucoup de princesses et examina de nombreux portraits, mais aucune jeune femme n'était plus belle que la défunte Reine. Une seule correspondait au serment fait à son épouse : sa propre fille. Alors, le Roi supplia sa fille de l'épouser. La pauvre enfant, épouvantée par cette incroyable demande, s'enfuit du château et alla se réfugier chez la fée des Lilas, sa marraine.

La fée la consola, lui affirmant qu'elle ne se marierait pas avec son père, mais qu'au lieu de s'opposer à lui il fallait lui faire croire qu'il pourrait l'épouser à condition de lui offrir une robe couleur du temps. Le Roi réunit les meilleurs couturiers, trouva les plus beaux tissus, les pierres précieuses les plus rares et, deux jours après, il offrit à sa fille la robe couleur du temps. Désespérée, elle demanda à son père une robe couleur de lune, puis une couleur du soleil. Chaque fois, le Roi réussissait, car il n'avait qu'une hâte : se marier.

Mais ce mariage était impossible et la fée, furieuse de l'entêtement du Roi, fit à sa filleule une dernière suggestion : « Demande à ton père la peau de l'âne qu'il aime tant. »

Mais le Roi, qui perdait un peu la tête, ordonna sur-le-champ que l'on tuât la pauvre bête. Et la peau de l'âne fut déposée aux pieds de la princesse. La fée conseilla alors à sa filleule de s'enfuir du château, de revêtir la peau de bête pour ne pas être reconnue et lui confia une baguette magique qu'elle n'aurait qu'à frapper sur le sol pour faire apparaître une malle pleine de vêtements et de bijoux.

La princesse trouva du travail dans une ferme d'un pays voisin. Elle s'occupait des dindons et des cochons et gardait les moutons. Elle s'était recouverte de poussière pour être encore plus laide sous sa peau de bête. Elle était si hideuse que tout le monde l'appelait Peau d'Âne. Elle logeait dans une petite cabane en bois au fond d'une cour.

Un jour de fête, Peau d'Âne, pour se distraire un peu, revêtit sa robe couleur de soleil et mit ses plus beaux bijoux. Un prince qui passait par là l'aperçut à travers la fenêtre. Il n'avait jamais vu de créature aussi belle et aussi richement vêtue. Il en tomba immédiatement fou amoureux. Il demanda aux fermiers qui habitait cette cabane. Quand on lui répondit que c'était une gardeuse de moutons laide et sale, le prince crut qu'il avait rêvé.

De retour chez lui, il se sentit très mal. L'amour qu'il avait ressenti lui tournait la tête et une terrible fièvre s'empara de lui et le cloua au lit. Sa mère voulut l'aider. Le prince demanda alors d'une voix très faible : « Je souhaite que Peau d'Âne me fasse un gâteau. » Aussitôt prévenue, la princesse se mit au travail. Mais alors qu'elle pétrissait la pâte, sa bague tomba dedans. Quand le prince la découvrit, il pensa que seule une princesse pouvait porter un tel bijou.

Le prince se mit à sa recherche. Toutes les princesses, les duchesses, les baronnes défilèrent devant le prince, qui voulait faire essayer lui-même la bague. Mais aucune n'avait le doigt assez fin. On fit alors venir les femmes de chambre, les cuisinières, les filles de ferme. Mais aucune n'avait le doigt assez fin.

Le prince exigea qu'on lui amenât Peau d'Âne. Tout le monde se moqua de lui : cette crasseuse ne pouvait pas être une princesse ! Mais quand de sous la peau de bête sortit une petite main toute blanche et que la bague s'enfila sur le doigt si fin, tout le monde fut surpris. Et quand, d'un geste, la princesse fit tomber sa peau d'âne, le prince tomba à genoux, ébloui par tant de beauté.

Le prince voulut épouser sa belle princesse sans tarder. Mais celle-ci voulait obtenir le consentement de son père. On lui envoya donc une invitation. Le Roi, son père, avait fini par épouser une Reine très belle et il fut ravi de revoir enfin sa fille, qu'il avait cherchée dans tout son royaume. Il lui donna la permission de se marier avec son prince. Les noces durèrent près de trois mois. Ils vécurent heureux très longtemps et eurent beaucoup d'enfants.

Blanche-Neige

d'après le conte de Grimm

Il était une fois une princesse nommée Blanche-Neige, car sa peau était aussi blanche que la neige. Son père, le Roi, s'était remarié avec une femme d'une grande beauté, mais qui détestait sa belle-fille. Elle ne supportait pas qu'elle soit aussi très jolie. D'ailleurs, pour que ses mains soient moins fines et ses genoux plus rugueux, elle l'obligeait à nettoyer le sol du château tous les jours. Cette horrible femme possédait un miroir magique qu'elle interrogeait pour savoir si elle était la plus belle.

Un matin, le miroir répondit à la Reine que Blanche-Neige était mille fois plus belle qu'elle. La Reine ordonna aussitôt à un chasseur d'emmener Blanche-Neige dans la forêt, de la tuer et de lui rapporter son cœur. Le chasseur n'eut pas le courage d'exécuter les ordres. À la place du cœur de Blanche-Neige, il prit celui d'une biche et supplia la jeune princesse de se sauver loin d'ici.

Blanche-Neige courut dans tous les sens. Elle avait si peur seule au milieu de cette grande forêt qu'elle ne savait où aller. Quand la nuit tomba, elle était épuisée. Elle se retrouva près d'une clairière au milieu de laquelle se dressait une petite chaumière. Blanche-Neige s'en approcha et décida d'entrer pour se reposer un peu.

Blanche-Neige chercha un lit. Elle en trouva sept, qui semblaient appartenir à des enfants. Elle se coucha en travers et s'endormit. En réalité, cette maison était habitée par des nains qui étaient partis travailler tôt le matin. Quand ils rentrèrent, ils s'aperçurent tout de suite que quelqu'un avait pénétré chez eux. Ils étaient furieux. Mais lorsqu'ils découvrirent Blanche-Neige, leur colère retomba et ils la regardèrent, tout attendris.

Quand Blanche-Neige se réveilla, elle raconta sa triste histoire à ses nouveaux amis, qui décidèrent de la garder avec eux. La princesse s'occupait de la maison, préparait les repas, faisait le ménage et, le soir, quand les sept nains revenaient du boulot, tout était prêt. Les nains n'avaient jamais été aussi heureux de rentrer chez eux.

Mais le bonheur allait être de courte durée, car au château la Reine continuait d'interroger son miroir et, quand il lui annonça que Blanche-Neige se trouvait chez les sept nains et qu'elle était encore la plus belle, elle n'en crut pas ses oreilles et, folle de rage, elle essaya de trouver un nouveau moyen de tuer cette rivale. La Reine prépara des pommes empoisonnées, les mit dans un panier et s'en alla, déguisée en vieille paysanne, les proposer à Blanche-Neige.

La jeune princesse ne sortait pas de la maison des sept nains, personne ne devait deviner sa présence. Mais quand la Reine l'appela, elle passa la tête à travers la fenêtre sans se méfier. « Regarde mes belles pommes bien rouges, lui dit la Reine. Je te les offre. Ce sont les dernières. » Blanche-Neige refusa aimablement. Mais la Reine insista et Blanche-Neige prit une pomme et la croqua. À la première bouchée, elle tomba raide morte.

Quand les nains rentrèrent du travail, ils trouvèrent Blanche-Neige allongée sur le sol. Ils la posèrent sur une chaise pour la ranimer, mais en vain. Désespérés, ils l'étendirent sur leurs lits, s'agenouillèrent autour d'elle et la pleurèrent trois jours et trois nuits. Puis ils décidèrent de l'enterrer. Mais elle semblait si vivante, avec sa peau blanche et ses joues rouges, qu'ils voulurent la voir encore un peu et ils décidèrent de la déposer dans un cercueil de verre au milieu de leur clairière.

Elle resta ainsi jusqu'au jour où le fils du Roi, qui passait par là, attiré par sa beauté, s'approcha pour mieux l'admirer. Les nains racontèrent l'histoire de Blanche-Neige, précisant que c'était une princesse. Le prince voulut l'embrasser. Mais à peine lui avait-il soulevé la tête pour déposer un baiser sur sa joue qu'elle ouvrit les yeux. Le bout de pomme empoisonnée était resté dans sa gorge et fut rejeté lorsque sa tête bougea.

Blanche-Neige se leva, tout étonnée de ce qui lui arrivait. Les sept nains laissèrent exploser leur joie et se mirent à danser et à chanter. Le prince, amoureux, la demanda aussitôt en mariage. Tous les Rois et les Reines des pays voisins furent invités, même la méchante belle-mère de Blanche-Neige. Le jour des noces, elle interrogea son miroir pour savoir si elle était toujours la plus belle. Quelle ne fut pas sa surprise lorsqu'il lui annonça que la princesse qui allait se marier n'était autre que Blanche-Neige et qu'elle était la plus belle ! La Reine entra alors dans une violente colère et, de rage, jeta son miroir contre un mur. Mais le miroir magique se transforma en serpent qui s'enroula autour du cou de la Reine et l'étouffa. Blanche-Neige et le prince vécurent très heureux et eurent beaucoup d'enfants.

Cendrillon

d'après le conte de Perrault

Il était une fois un homme riche qui vivait seul avec sa fille. Un jour, il épousa une femme très autoritaire et très méchante qui avait deux filles aussi méchantes qu'elle.

Après le mariage, la mère, qui ne supportait pas sa belle-fille, lui fit faire les plus sales besognes dans la maison. Quand elle était très fatiguée, la pauvre enfant se reposait dans un coin de la cheminée, sur les cendres. C'est pourquoi on l'appela Cendrillon.

Un jour, le fils du Roi donna un bal pour toutes les jeunes filles de bonne famille. Les deux sœurs, qui étaient célèbres dans le royaume, furent invitées. Elles étaient très occupées à choisir leur robe et la coiffure qui leur irait le mieux. Cendrillon les aida à choisir leur tenue et se proposa même de les coiffer.

Au moment de partir, les deux sœurs se moquèrent de Cendrillon, lui disant qu'elle ne pourrait jamais assister à un bal ni rencontrer un prince tant elle était sale et hideuse dans ses vêtements déchirés et crasseux. La pauvre Cendrillon était bien malheureuse. Elle trouva que c'était trop injuste et alla s'asseoir au bord de la cheminée en sanglotant.

Elle pleurait si fort que sa marraine, qui était une fée, apparut pour connaître la cause de ce gros chagrin. « Je voudrais bien aller au bal », gémit Cendrillon. « Sèche tes larmes, mon enfant. Tu iras au bal du prince », dit la fée. « Mais je n'ai ni robe ni carrosse pour me rendre au château », murmura Cendrillon entre deux soupirs. « Je vais arranger ça. Suis-moi au jardin ! »

La fée se dirigea vers le potager et d'un coup de baguette transforma une énorme citrouille en carrosse. Puis elle souleva la trappe d'une souricière et toucha de sa baguette toutes les souris qui en sortaient, les transformant en superbes chevaux. Un petit coup sur quelques gros rats qui passaient par là et un cocher et des laquais apparurent. Cendrillon, émerveillée, n'avait jamais vu un tel attelage !

Cendrillon remercia sa marraine mais ajouta : « Je ne peux aller au bal habillée en souillon. » « Effectivement, il faut que je fasse quelque chose, et le temps presse. » La fée donna trois petits coups de baguette magique sur sa filleule en prononçant de drôles de mots et, dans un nuage d'étoiles, Cendrillon apparut, habillée comme une vraie princesse, les cheveux coiffés et les pieds chaussés de pantoufles de vair. « Sauve-toi maintenant, ajouta la fée. Mais tu as la permission de minuit : après le douzième coup, ton carrosse redeviendra citrouille et tes beaux habits disparaîtront. »

Lorsque Cendrillon eut atteint le château dans son beau carrosse, le prince fut averti qu'une très jolie princesse inconnue venait d'arriver. Aussitôt, il se précipita pour l'accueillir. Quand il vit Cendrillon, son cœur se mit à battre très fort. Ébloui par tant de beauté, il lui prit la main et l'emmena dans la grande salle de bal. Dès qu'elle apparut, l'orchestre s'arrêta de jouer et tout le monde cessa de danser pour l'admirer.

On n'entendait que des murmures : « Mais qui est-ce ? » Le prince donna l'ordre de reprendre le bal et, s'inclinant devant Cendrillon, il l'invita à danser. Au cours de la soirée, Cendrillon s'approcha même de ses sœurs, qui, sans la reconnaître, la félicitèrent pour la richesse de sa robe. Le prince ne la quittait pas, il ne voulait valser qu'avec elle. Et quand onze heures quarante-cinq minutes sonnèrent, il fut tout étonné de la voir partir précipitamment et lui demanda de revenir le lendemain.

Cendrillon rentra très vite chez elle et, au dernier coup de minuit, son carrosse redevint citrouille, les chevaux souris, les laquais des rats et sa robe de bal des haillons. Elle raconta sa soirée à sa marraine et lui dit qu'elle souhaitait retourner au bal le lendemain, car le prince lui avait fait promettre de revenir.

Le lendemain, encore émerveillée par sa soirée, Cendrillon se remit au travail et ses sœurs vinrent lui parler de cette étrange princesse d'une rare beauté qui était venue au bal. « Et qu'a dit le prince lorsqu'elle est partie ? » demanda Cendrillon. « Il était très triste. Il a l'air très amoureux. Mais il va la revoir, car il organise un nouveau bal ce soir et il l'a invitée. »

Le soir, Cendrillon attendit que ses sœurs partent pour appeler sa marraine. Comme la veille, elle fit apparaître le carrosse et habilla Cendrillon d'une robe encore plus belle. Au moment de partir, elle lui rappela de bien rentrer avant le douzième coup de minuit. La soirée fut aussi merveilleuse que la veille.

Cendrillon ne dansa qu'avec le prince. Le temps passa très vite, si vite que Cendrillon dansait encore quand le premier coup de minuit sonna. Affolée, elle quitta les bras du prince et dévala l'escalier. Dans sa précipitation, elle perdit une de ses pantoufles de vair, que le prince ramassa. Quand le douzième coup de minuit retentit, elle se retrouva en haillons dans le parc du château.

Les deux sœurs racontèrent leur nouvelle soirée à Cendrillon, précisant que le prince avait ramassé une pantoufle de vair et qu'il semblait très chagriné, car il ne connaissait toujours pas le nom de cette belle princesse. Quelques jours plus tard, le prince fit savoir qu'il épouserait la jeune femme dont le pied entrerait parfaitement dans la pantoufle de vair. Le valet du Roi la fit essayer d'abord à toutes les princesses, les duchesses, les baronnes, puis aux jeunes filles de bonne famille, et c'est ainsi qu'il se présenta chez Cendrillon.

Les deux sœurs, malgré tous leurs efforts, ne purent enfiler la pantoufle. Cendrillon, qui assistait à la scène, demanda à l'essayer. Ses sœurs se moquèrent. Mais le valet, la trouvant très jolie malgré ses habits déchirés, approcha la pantoufle de son pied, qui s'y glissa sans difficulté. Les deux sœurs n'en croyaient pas leurs yeux et elles furent encore plus étonnées lorsque Cendrillon sortit de sa poche la seconde pantoufle. « Ce n'est pas possible ! crièrent-elles en chœur. Tu n'es qu'une souillon, juste bonne à nettoyer la porcherie. » Cendrillon appela alors sa marraine.

La fée, d'un coup de baguette magique, redonna à Cendrillon ses habits de princesse. Aussitôt, ses sœurs la reconnurent et se jetèrent à ses pieds pour lui demander pardon d'avoir été si méchantes. Cendrillon, qui était bonne, les releva et les embrassa. Le valet du Roi, qui avait assisté à l'incroyable transformation, s'inclina respectueusement devant la princesse et lui proposa de rejoindre le prince, qui se mourait d'amour pour elle.

Le prince épousa Cendrillon quelques jours plus tard.
La fête fut grandiose et les invités nombreux.
Les deux sœurs se marièrent le même jour
avec deux grands seigneurs de la cour et
devinrent les meilleures amies de Cendrillon.
Le prince et la princesse vécurent heureux
et eurent beaucoup d'enfants.

Le prince crapaud

d'après le conte de Grimm

Il était une fois une princesse qui vivait auprès de son père, un Roi juste et bon. La princesse s'ennuyait un peu et son père, pour la distraire, lui offrit une balle tout en or. Un jour qu'elle jouait avec sa balle dans le parc du château, celle-ci tomba dans un étang.

La princesse s'approcha de l'eau pour récupérer sa balle, mais l'étang était si profond qu'elle ne pouvait trop se pencher au risque de se noyer. Elle commençait à se lamenter quand une voix lui dit : « Je peux vous aider, princesse. » C'était un crapaud assez répugnant qui s'avançait vers elle. « Mais ma balle a dû s'enfoncer dans la vase. Vous ne pourrez pas la retrouver », gémit la princesse.

« Je la retrouverai, mais à condition que vous juriez de m'aimer. »

Sans réfléchir, la princesse accepta. Mais quand le crapaud lui rendit sa balle, elle lui dit d'un ton moqueur que jamais elle ne l'épouserait, car il était trop laid et qu'il lui faisait peur. Puis elle courut vers le château, suivie par le crapaud.

La princesse se précipita chez le Roi et le supplia de la débarrasser de cette bête hideuse. Le Roi demanda des explications à sa fille : « Pourquoi ce crapaud vous suit-il ? » « Je lui ai promis de l'aimer s'il récupérait ma balle, mais je ne peux tenir ma promesse, car il me fait horreur ! » répondit-elle. Le crapaud ajouta : « Votre fille s'est engagée, elle doit m'épouser. » Le Roi avoua qu'il aurait préféré un époux plus séduisant pour sa fille, mais, comme il était juste, il demanda à la princesse de tenir sa promesse. En entendant ces mots, elle s'évanouit. « À quoi me sert une épouse si elle ne m'aime pas ? » dit tristement le crapaud.

Quand la princesse retrouva ses esprits, elle s'enferma dans sa chambre pour pleurer. Le crapaud frappa à sa porte. « Ouvrez-moi, je voudrais m'allonger près de vous ! » « Disparaissez, horrible bête ! hurla la princesse. Jamais je ne vous aimerai ! » « Je suis patient, répondit le crapaud. Un jour, vous m'épouserez ! »

Quelques jours plus tard, la princesse se promenait seule dans le parc quand le crapaud s'approcha d'elle. Dès qu'elle l'aperçut, elle se mit en colère et avec méchanceté lui donna un coup de pied qui l'envoya en l'air. « Disparais de ma vue à jamais ! » hurla-t-elle. La princesse continua sa promenade, mais elle pleurait, car elle était désespérée à l'idée que son père voulait qu'elle épouse ce crapaud et elle ne savait pas comment agir pour le faire changer d'avis.

Elle marchait encore lorsque la nuit tomba et que la lune se mit à briller dans le ciel. La princesse, fatiguée, s'arrêta près d'un étang pour admirer l'astre qui se reflétait dans l'eau. Elle se pencha trop et tomba au milieu des nénuphars. Elle ne savait pas nager. Elle se débattit et appela au secours. Le crapaud l'entendit et sauta dans l'étang pour la sauver au moment où elle allait disparaître.

Le crapaud réussit à sortir la princesse de l'eau quand un monstre surgit au milieu de l'étang pour s'en emparer. Très courageux et surtout très amoureux, le crapaud affronta un épouvantable serpent aux dents pointues. La princesse, terrorisée, n'en croyait pas ses yeux. « Cette petite bête ose se battre avec ce monstre ! » Soudain, elle n'eut plus peur de lui, elle oublia sa laideur, elle ne voyait plus dans le crapaud qu'un être extraordinaire, capable de se sacrifier pour lui sauver la vie.

Le combat fut long et terrible. Le crapaud réussit à tuer le monstre, mais il était couvert de plaies, à moitié mort. La princesse se pencha et le prit dans ses mains. « Comment ai-je pu être aussi méchante ? gémit-elle. Je vous en supplie, ne mourez pas, je serai votre femme. » Et elle déposa un baiser sur la peau gluante.

À peine avait-elle embrassé le crapaud qu'il se transforma en un magnifique prince. « Merci, lui dit-il. Grâce à votre baiser, vous avez brisé le sort qu'une fée m'avait jeté, car j'étais trop fier de moi et trop méchant. J'étais condamné à être aimé pour mes qualités de cœur et mon courage, et non pour mon apparence. » La princesse tomba dans les bras du prince et, comme dans tous les contes de fées, ils se marièrent, vécurent très heureux et eurent beaucoup d'enfants.

Si tu aimes les contes avec de belles princesses,
des fées qui ne sont pas toujours gentilles,
et dans lesquels on a très peur mais
où tout se termine bien, tu vas adorer
l'histoire d'Héloïse, une pauvre petite princesse
condamnée, le jour de son baptême,
à ne plus voir le soleil…

Chapitre
III

Princesse Héloïse

adaptation de la Biche au bois
de Madame d'Aulnoy

Il était une fois, dans un pays lointain, un Roi et une Reine qui s'aimaient tendrement. Ils avaient tout pour être heureux : leur royaume était prospère, les récoltes abondantes et leurs sujets, grands et petits, les adoraient.

Mais les années passaient et le cœur des souverains était de plus en plus triste.
La Reine souriait de moins en moins et elle était souvent mélancolique,
car malheureusement elle n'arrivait pas à avoir d'enfants.

Elle fit appel aux plus grands savants. Elle avala même très difficilement des potions magiques préparées par une vieille sorcière et suivit scrupuleusement les conseils d'un illustre magicien, mais sans résultat !

Les semaines s'écoulaient et la Reine pleurait ! Un jour, l'ambassadeur d'un pays voisin lui parla d'une source magique habitée par une fée réputée aider les femmes au cœur pur à avoir des enfants.

Aussitôt, la Reine se rendit à la source. N'apercevant pas de fée, elle se pencha pour boire un peu d'eau. C'est à ce moment qu'elle vit un petit poisson sur le bord qui se débattait et qui la suppliait de le remettre à l'eau.

La Reine, qui était bonne, déposa aussitôt le pauvre poisson dans l'eau. C'est à ce moment que, devant ses yeux étonnés, il se transforma en une étrange jeune femme, tout habillée d'eau, comme transparente. C'était la fée des sources.

Avec cette épreuve, la fée voulait vérifier si le cœur de la Reine était bon. Rassurée, elle lui dit : « Majesté, je sais pourquoi vous êtes ici. Alors, suivez ce sentier. Il vous mènera au château de mes sœurs. Ce sont elles qui vous aideront. »

La Reine hésita à s'enfoncer dans la sombre forêt, car le sentier était couvert de ronces. Mais dès qu'elle s'avança, un tapis de fleurs se déroula devant elle et des papillons de toute beauté l'accompagnèrent en virevoltant autour d'elle.

La Reine arriva enfin au château. Il était tout en cristal et le ciel, d'un bleu limpide, se reflétait dedans. La Reine fut éblouie par tant de splendeur. Elle s'approcha sur la pointe des pieds et aperçut les trois fées qui l'attendaient.

Les trois fées invitèrent la Reine à venir prendre le thé et des petits gâteaux. Elles posèrent mille questions auxquelles la Reine répondait toujours en souriant. Elles étaient très curieuses et voulaient tout savoir avant d'agir.

Le temps passa très vite et, au moment de se quitter, les trois fées donnèrent chacune un bijou à la Reine en lui disant : « Ils sont magiques. Si un jour vous avez besoin de nous, soufflez une fois dessus et nous apparaîtrons. »

La Reine était émerveillée par tant de gentillesse et embrassa les fées pour les remercier. Celles-ci promirent à la Reine que son vœu serait exaucé et qu'elle serait bientôt mère. La Reine courut annoncer la bonne nouvelle au Roi.

Le Roi écouta le récit de la Reine, qui n'oublia aucun détail de sa rencontre avec les fées. Et quelques mois plus tard, le ventre de la Reine s'arrondit. Elle attendait enfin l'enfant tant désiré. Le Roi, fou de joie, était aux petits soins pour elle.

La Reine donna le jour à une petite princesse belle comme un cœur. Depuis sa naissance, tout le château était en émoi. Chacun venait s'incliner devant elle, admirant sa beauté. Le Roi était si fier et si ému qu'il en pleurait de joie.

L'annonce de la naissance de la petite princesse réjouit tous les habitants du royaume, qui se désespéraient de voir leur Reine si triste. Tout le monde se précipita au palais. Chacun voulait saluer l'enfant des souverains bien-aimés.

La jolie petite princesse fut présentée au peuple depuis le grand balcon du palais. Elle était magnifique dans une robe tout en dentelle que sa mère, sa grand-mère, son arrière-grand-mère avaient portée pour la même occasion.

Dès son apparition, des cris fusèrent de partout : « Hourra ! hourra ! hourra ! Longue vie et bonheur à notre princesse ! » À l'occasion de la naissance de son enfant, le Roi fut très généreux et accorda une journée de fête pour tous !

Mais les sujets de Leurs Majestés voulaient voir la princesse de plus près et certains avaient même envie de la toucher et de l'embrasser. Le Roi et la Reine acceptèrent de grand cœur de partager avec leur peuple ces instants de bonheur.

Puis la jolie petite princesse fut baptisée dans la chapelle du château en présence de toutes les têtes couronnées des pays voisins. Le Roi et la Reine lui donnèrent le prénom d'Héloïse, qui était celui de sa mère, de sa grand-mère…

Les Rois et les Reines du monde entier vinrent s'agenouiller devant la princesse. Et, pour fêter son arrivée comme il se doit,

ils déposèrent à ses pieds des tonnes de cadeaux, des plus précieux aux plus originaux, voire aux plus inattendus !

Désirant que la fête fût complète, la Reine voulut appeler les fées pour les remercier d'avoir exaucé son vœu le plus cher et surtout, comme c'était la tradition à l'époque, pour qu'elles veuillent bien se pencher sur le berceau

de son enfant et que, d'un coup de baguette magique, elles lui donnent toutes les qualités. La Reine s'isola un instant et souffla sur les trois bijoux que lui avaient donnés les fées et celles-ci apparurent au milieu d'une poussière d'étoiles.

Les fous du roi présentèrent un spectacle à la gloire des fées.

Le Roi et la Reine voulurent rester seuls avec les trois fées pour les honorer comme elles le méritaient. Ils les invitèrent à partager un bon repas avec eux. Les fées, flattées de tant de reconnaissance, acceptèrent de s'asseoir à leur table.

Le Roi et la Reine avaient fait préparer les pâtés les plus fins, les poissons les plus savoureux et les viandes les plus tendres. Rien n'était trop beau !

À la fin du repas, le Roi offrit à chacune des fées des coffrets remplis d'or et de pierres précieuses. Elles étaient gênées devant tant de générosité !

Arriva enfin le moment tant attendu par le Roi et la Reine. Les fées s'approchèrent du berceau de la petite princesse et chacune à son tour fit un vœu en agitant sa baguette et en énonçant d'étranges formules magiques.

La première promit que la princesse serait très jolie et qu'elle saurait se faire aimer de ses sujets. La deuxième, qu'elle serait douée pour les études et très intelligente.

La troisième promit qu'elle rencontrerait un prince d'un très grand royaume et qu'ils seraient très heureux ensemble. Mais à peine avait-elle terminé qu'un bruit assourdissant se fit entendre derrière la grande porte de la salle de réception.

Et soudain les deux battants s'ouvrirent, laissant passer, au milieu d'une immense gerbe d'eau, la fée des sources, furieuse de ne pas avoir été invitée. Elle était entourée de terrifiantes bêtes, mi-dragons, mi-poissons, qui hurlaient.

« Quelle ingratitude ! cria la fée des sources en s'adressant à la Reine. Sans moi, vous n'auriez jamais eu d'enfant et vous oubliez de m'inviter ! Cet affront doit être vengé et, pour vous punir, je vais jeter un mauvais sort à la princesse. »

La Reine la supplia à genoux, mais la fée prononça des mots terribles en se penchant au-dessus de la princesse : « Tu ne dois pas voir la lumière du jour jusqu'à l'âge de tes quinze ans, sous peine d'être changée en animal. »

La fée des sources se retira et ses sœurs ne purent annuler cette malédiction. Le Roi ordonna aussitôt de boucher toutes les fenêtres de la chambre de la petite princesse et décida de faire construire un palais souterrain pour son enfant.

Il convoqua sur-le-champ les plus grands architectes du royaume pour qu'ils se mettent immédiatement au travail. Il voulait que la princesse grandisse dans un palais digne de son rang et qu'elle puisse avoir une existence normale.

Des centaines d'ouvriers furent convoqués pour creuser en un rien de temps les appartements. Les décorateurs firent preuve d'imagination pour éclairer toutes les pièces et les couloirs. Ils accrochèrent des lustres, des bougeoirs et

des lampadaires partout. Ils installèrent des miroirs qui reflétaient la lumière des bougies. De fausses plantes furent réalisées en pierres précieuses et en diamants pour mieux scintiller sous les flammes des candélabres.

Dans son beau palais, la princesse grandit sans se rendre compte de rien, élevée par une gouvernante qui avait deux filles. L'aînée, Cunégonde, était plutôt autoritaire et ne supportait pas que sa sœur Jeanne soit la préférée d'Héloïse.

Cunégonde reçut la même éducation que la petite princesse, car sa mère, la gouvernante, était jalouse et voulait que sa fille chérie soit aussi instruite qu'Héloïse, mais la pauvre enfant avait beaucoup de mal à suivre.

La petite princesse était douée pour la musique. Elle jouait du piano comme personne et maniait l'archet de son violon avec une grande virtuosité. Ce n'était pas vraiment le cas de Cunégonde, qui n'avait pas du tout l'oreille musicale.

Héloïse prit des cours d'équitation. Elle enchantait son professeur tant elle montait avec grâce et élégance. Cunégonde, elle, avait un peu de mal à maîtriser sa monture, mais elle était persévérante.

L'après-midi, Héloïse avait le droit de se distraire un peu. Sa gouvernante préparait de délicieux petits gâteaux. Mais seule Cunégonde les goûtait, car elle était si gourmande qu'elle les engloutissait tous sans que sa mère la gronde.

La gouvernante adorait sa fille aînée. Elle lui passait tous ses caprices et la couvrait de cadeaux. Elle voulait que Cunégonde ressemble à une princesse et, pour qu'elle soit plus belle, elle lui offrait des robes somptueuses.

Jeanne, elle, n'avait pas les faveurs de sa mère. Pas de nouvelles robes, que des guenilles. Jamais un mot gentil, seulement des remontrances. Malgré tout, Jeanne n'était pas triste, car elle avait un secret.

En effet, tous les soirs, Jeanne allait retrouver la princesse dans sa chambre par un couloir caché. Elles étaient les meilleures amies du monde. Et, pour être agréable à Jeanne, Héloïse lui faisait souvent essayer ses plus belles robes.

Les années passaient. La princesse avait maintenant quatorze ans. Elle était d'une si grande beauté que son père fit appel aux plus illustres peintres pour en obtenir un portrait afin de le montrer à son peuple, qui était impatient de la voir.

Il y avait tant de portraits réussis que le Roi demanda à ses ambassadeurs d'aller les présenter aux quatre coins de son royaume, et aussi aux familles royales des pays voisins, afin de faire connaître sa fille aux princes en âge de se marier.

Et c'est ainsi qu'un des portraits d'Héloïse arriva devant le jeune prince Henri le Galant. Dès qu'il aperçut la princesse, il tomba à genoux, son cœur se mit à battre plus vite et ses joues devinrent toutes rouges. Il était fou amoureux.

Ses parents dépêchèrent aussitôt leur meilleur ambassadeur pour demander la main de la princesse Héloïse. Il emporta avec lui un coffre rempli de pierres précieuses, une statuette du prince Henri, ainsi qu'une lettre de déclaration.

Le Roi, tout ému et fier de l'intérêt montré à sa fille, lui fit porter la statuette. La princesse tomba sous le charme quand elle découvrit, posé sur un coussin, un superbe cœur en pendentif que le prince lui offrait comme preuve de son amour.

L'ambassadeur devait ramener la princesse. Ignorant la malédiction, il fut très contrarié lorsque le Roi refusa de laisser partir sa fille. Il regagna son pays avec la promesse que la princesse pourrait voir le prince le jour de ses quinze ans.

Quand le prince apprit la triste nouvelle, il se mit à pleurer toutes les larmes de son corps. Le Roi, son père, entra alors dans une violente colère et chargea l'ambassadeur d'aller chercher la princesse, sinon ce serait la guerre.

Le père de la princesse réunit ses conseillers autour de l'ambassadeur. La situation était délicate et, pour ne pas l'aggraver, le Roi avoua le mauvais sort qui avait été fait à sa fille adorée et qui expliquait son refus.

Pendant qu'ils discutaient, le prince Henri le Galant se mourait d'amour pour sa belle princesse et Héloïse refusait de boire et de manger tant elle était amoureuse et désespérée de ne pas pouvoir rencontrer le prince de ses rêves.

Une solution fut trouvée : la princesse voyagerait dans un carrosse complètement fermé et les fenêtres du château du prince seraient bouchées. La Reine demanda à la gouvernante et à ses filles d'accompagner la princesse afin de veiller sur elle.

Le Roi et la Reine ignoraient que la gouvernante était jalouse de leur fille et qu'elle était prête à tout pour que Cunégonde devienne une vraie princesse. C'est ainsi qu'en chemin la gouvernante ouvrit la porte pour laisser passer la lumière...

Aussitôt, la princesse se transforma en une superbe biche effarouchée, qui s'enfuit dans les bois, avec autour du cou le pendentif du prince. La fidèle Jeanne se mit à courir derrière elle, sous les rires moqueurs de sa mère et de sa sœur.

Cunégonde enfila la robe que la princesse avait abandonnée et sa mère déposa sur sa tête le diadème royal. Puis elles repartirent sans tarder vers le château, où un lâcher de ballons fut ordonné en l'honneur de leur arrivée.

Quand le prince vit Cunégonde, il hurla, car la princesse qui était devant lui ne ressemblait en rien à celle du tableau. La gouvernante le rassura, lui précisant que la princesse était fatiguée et qu'après une bonne nuit il la reconnaîtrait.

Mais soudain le prince se souvint du cadeau qu'il avait fait parvenir à la princesse Héloïse. « Où est le pendentif que je vous ai offert ? » demanda-t-il à Cunégonde. Troublée, la jeune fille bredouilla qu'elle ne savait pas de quoi il parlait. Sa mère essaya bien de changer de conversation, mais le prince insistait.

Il devina aussitôt la supercherie et fit enfermer immédiatement les deux femmes dans un cachot. « Vous ne vous marierez jamais avec la princesse Héloïse parce que vous la tuerez de vos propres mains ! » crièrent-elles en chœur. Le prince les traita de vieilles folles et ne crut pas un mot de leur menace.

Pour se changer les idées, le prince décida d'aller chasser avec son fidèle valet. Soudain, au détour d'un chemin, il aperçut une superbe biche qui se reposait. Aussitôt, le prince lança une flèche qui atteignit la pauvre bête en plein cœur.

Le prince s'approcha pour l'achever. Mais au moment où il levait son poignard, il aperçut, autour de son cou, le pendentif qu'il avait offert à la princesse. Troublé, il se souvint des paroles de la gouvernante et prit tendrement la biche dans ses bras.

À peine le prince déposa-t-il un baiser sur le cou de l'animal que celui-ci disparut et qu'à sa place apparut la princesse Héloïse ! Le prince n'en croyait pas ses yeux. Sa bien-aimée était là dans ses bras, mais sans vie.

Le prince emporta la princesse Héloïse au château et appela le plus brillant des médecins, qui ne sut pas comment s'y prendre pour lui redonner vie. Les parents de la princesse, prévenus par la fidèle Jeanne, décidèrent d'appeler les fées.

La Reine souffla sur les bijoux et les fées apparurent. Elles hésitèrent un instant. Il ne fallait pas se tromper de formule magique ! Puis, penchées au-dessus de la princesse, elles firent tournoyer leur baguette et prononcèrent de drôles de mots.

Aussitôt, la princesse retrouva ses couleurs et elle ouvrit de grands yeux étonnés. Le prince la couvrit de baisers, tant son cœur débordait d'amour. La Reine, tout émue, n'eut pas le temps de remercier les fées, qui avaient déjà disparu !

Comme dans tous les contes de fées, la princesse épousa son prince charmant. Ils vécurent heureux et eurent beaucoup d'enfants. On dit que Cunégonde et sa mère furent relâchées, et que, malgré leur trahison, elles restèrent au service de la princesse Héloïse et que Jeanne épousa le fidèle valet du prince...

Chapitre IV

Un déguisement de princesse

Un déguisement de princesse

Détail du dos
du corsage

Détail du devant
du corsage

Le haut
de la cape

Les pantoufles
de princesse

La robe

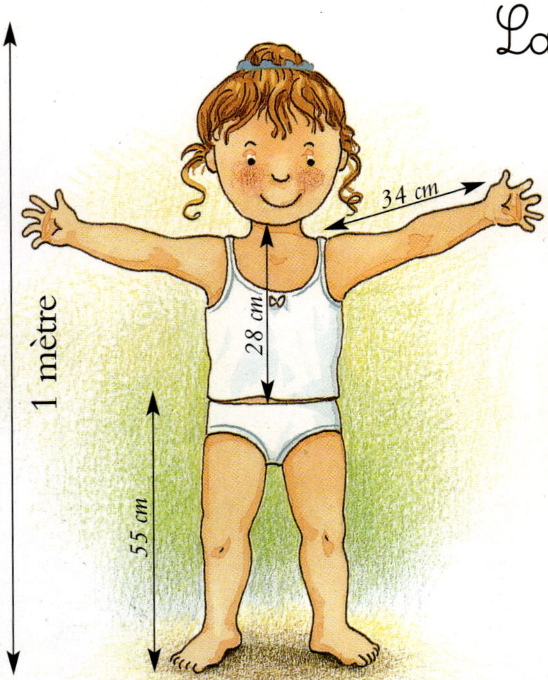

Les mesures indiquées sont pour une enfant de 3 ans environ.

Matériel nécessaire

Une paire de ciseaux

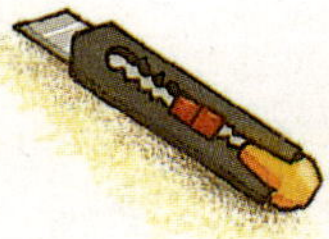

un cutter

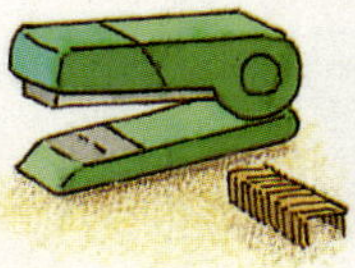

une agrafeuse

de la colle liquide transparente

un pinceau fin

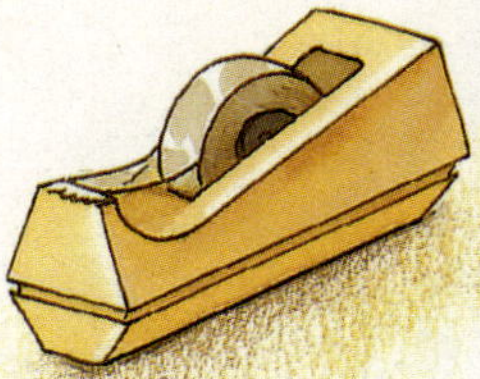

du Scotch

2 chemises cartonnées

2 rouleaux de papier crépon blanc

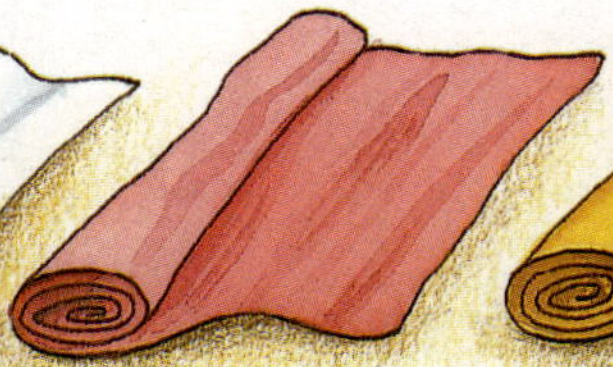

1 rouleau de papier crépon rose

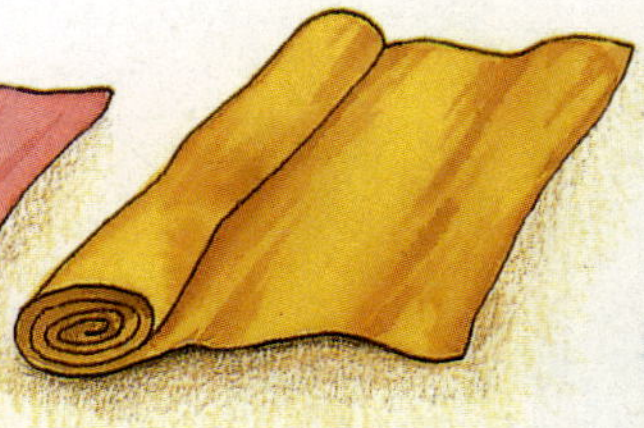

1 rouleau de papier crépon doré

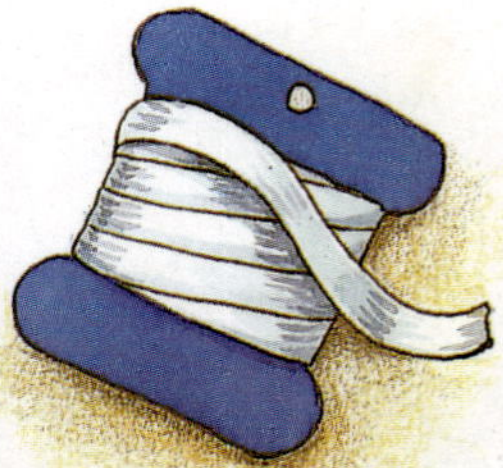

1,50 m de ruban élastique

une pochette de paillettes dorées

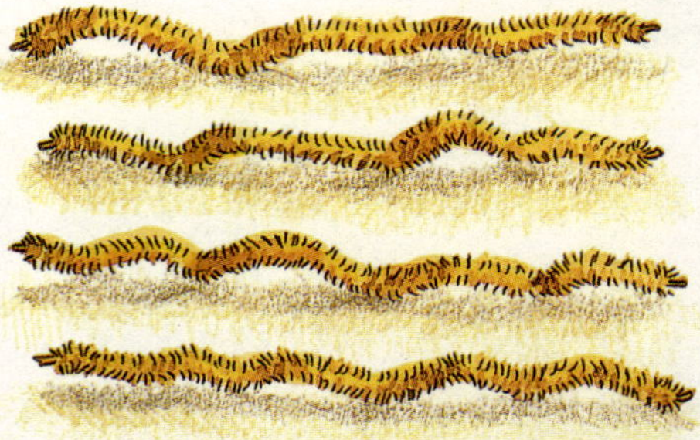

4 cure-pipes dorés

Prendre 2,50 m de longueur de papier crépon blanc. Les plier en 2. Agrafer les 2 extrémités ensemble (1). On prend 2 épaisseurs de papier pour éviter la transparence.

Coller un bout de Scotch de 1 cm environ tous les 5 cm, recto verso, sur les 2 épaisseurs de papier, au niveau de la ceinture. Découper une fente au cutter dans chaque morceau de Scotch, puis passer l'élastique (2).

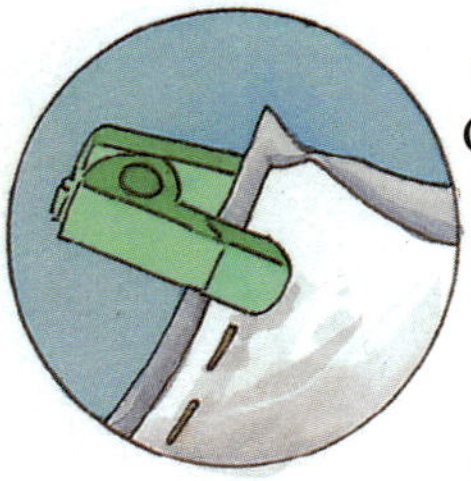
①

②

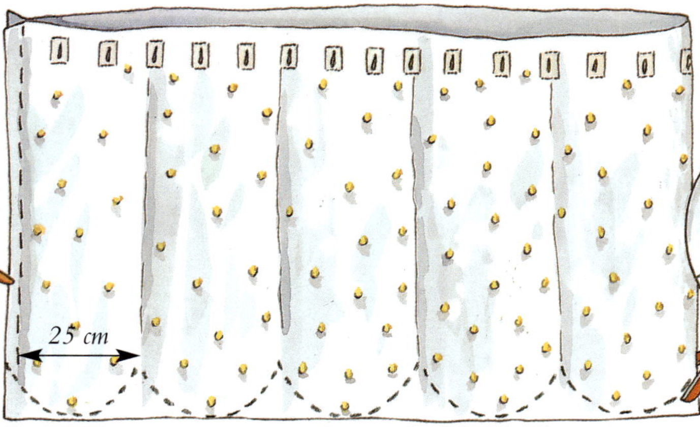

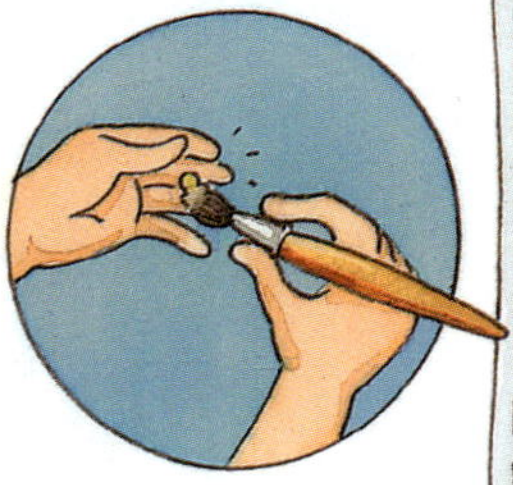

③

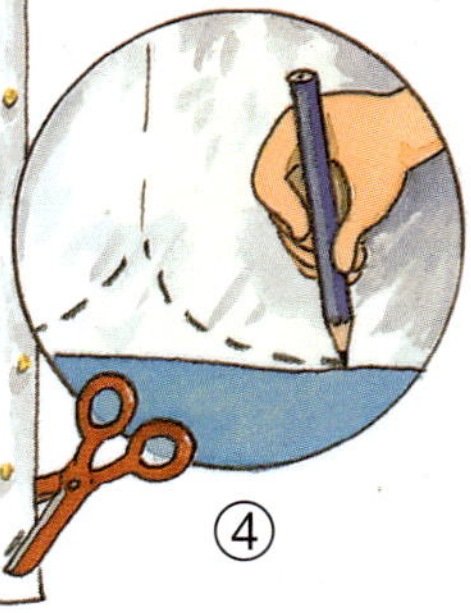
④

Coller les paillettes sur la robe de façon régulière avec une goutte de colle appliquée au pinceau (3).

Au niveau de l'ourlet, dessiner des demi-cercles de 25 cm de diamètre. Découper en suivant les traits. Travailler sur un support plat (4).

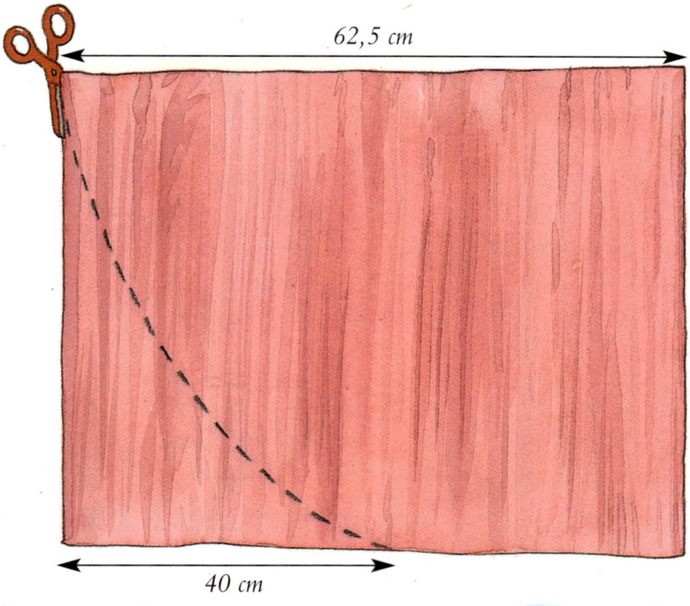

Découper 2 longueurs de 62,5 cm de papier crépon rose. Les superposer. Découper un arrondi comme indiqué sur le schéma.

Positionner la jupe autour de la taille de l'enfant. Froncer la robe. Faire un nœud avec l'élastique pour la fermer (le nœud doit pouvoir se défaire sans difficulté), la partie ouverte étant dans le dos.

Placer le papier rose comme sur le modèle. Faire quelques fronces, que vous maintenez avec des agrafes, en partant du devant pour l'ajuster à la taille.

Prendre 80 cm de papier blanc, que vous repliez en 2. Découper le col, les emmanchures, le bas du corsage et le dos, comme ci-dessus, en respectant bien les dimensions. Puis coller des paillettes avec le pinceau.

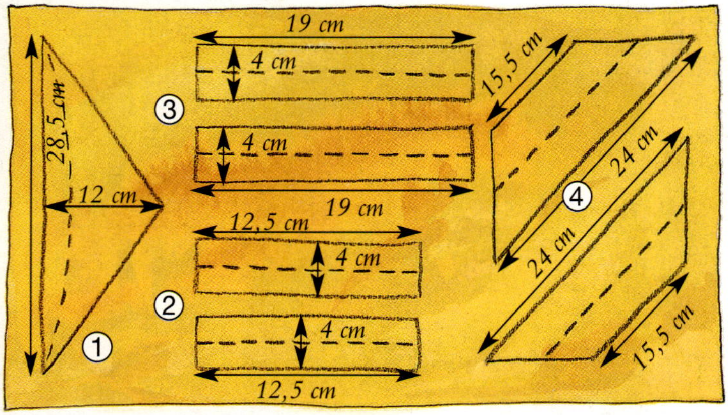

Prendre 70 cm de papier doré. Dessiner les 7 morceaux aux dimensions indiquées sur le modèle. Les découper et les plier en 2 suivant les pointillés.

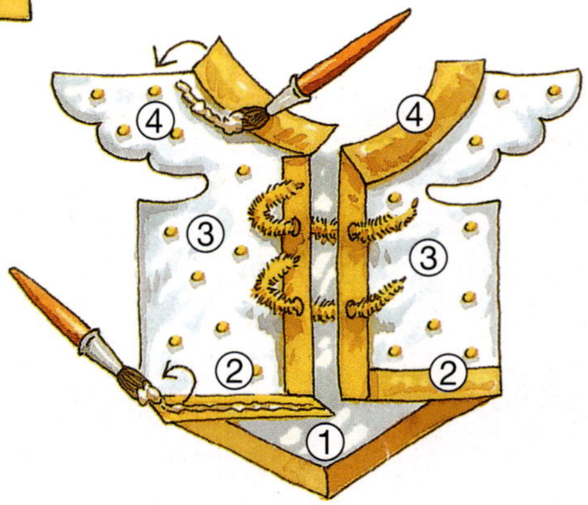

Les coller à cheval sur les bords en papier, aux endroits indiqués. Faire 2 trous dans le dos afin de pouvoir glisser 2 cure-pipes dorés qui fermeront le corsage.

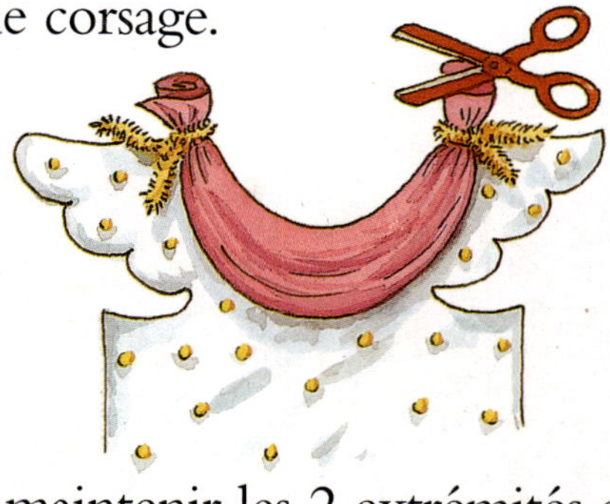

Découper un morceau de 30 cm de papier crépon rose. L'agrafer autour du col sur le devant, comme sur le modèle. Draper le papier

et maintenir les 2 extrémités avec des cure-pipes. Couper le surplus de papier en laissant quelques centimètres pour donner l'impression de boutons de rose.

La cape

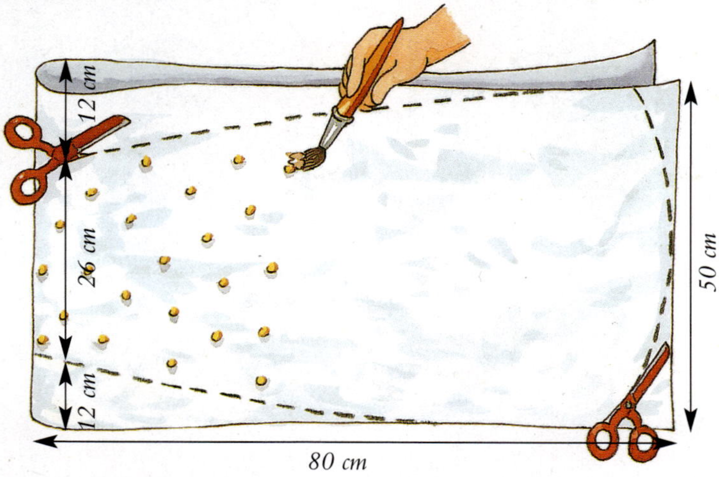

Découper une longueur
de 1,60 m de papier blanc.
La plier en 2.
Découper la forme
de la cape suivant le modèle
et la parsemer de paillettes
sur une seule face.

Ouvrir une chemise cartonnée,
étaler de la colle des 2 côtés
et recouvrir les 2 faces de
papier crépon doré.

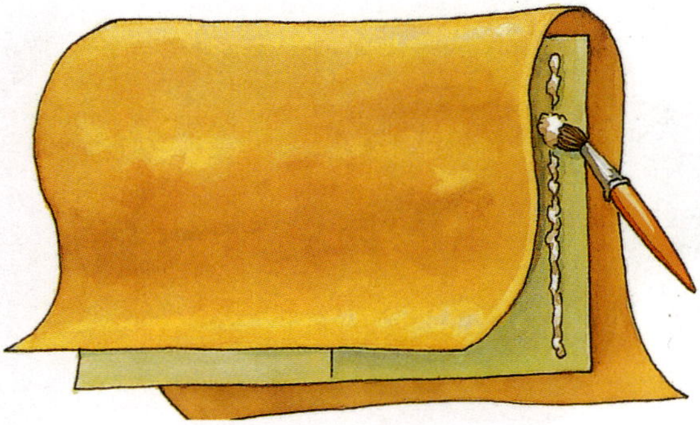

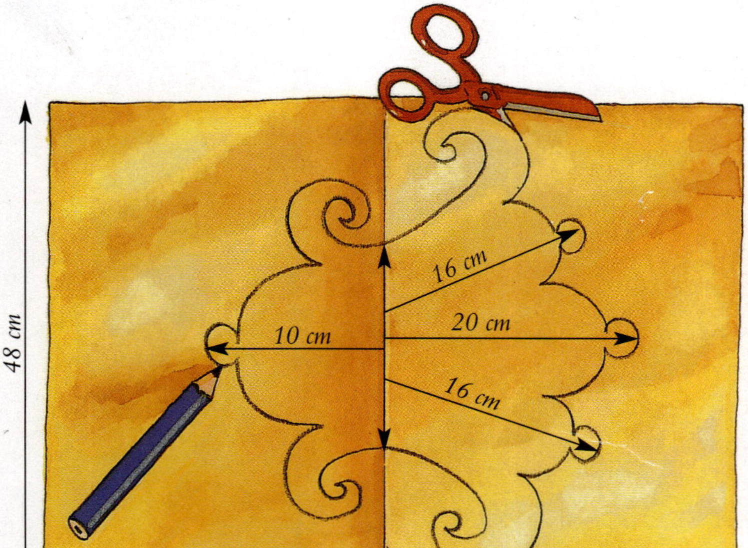

Une fois la colle
bien sèche, dessiner
le haut de la cape
et le découper suivant
le dessin ci-contre.
Bien positionner
le modèle par rapport
au pli de la chemise,
ce qui facilitera le pliage.

Plier le haut et l'agrafer sur la cape, comme décrit ci-dessus. Assembler 2 cure-pipes bout à bout. Faire 2 petits trous pour y glisser le cure-pipe qui servira à attacher la cape autour du cou de l'enfant.

La couronne

Couper une chemise en carton en son milieu suivant le pli. Utiliser un seul côté. Le recouvrir de colle recto verso, puis de papier crépon.

Une fois la colle sèche, dessiner la forme de la couronne et la découper à l'aide de la paire de ciseaux.

Enrouler la couronne et agrafer les 2 extrémités ensemble.

Les chaussures de princesse

Il vous faut : 1 paire de chaussons blancs en toile - du fil de fer doré - 6 perles dorées - 2 rectangles de papier crépon doré de 15 x 10 cm - une agrafeuse - du Scotch.

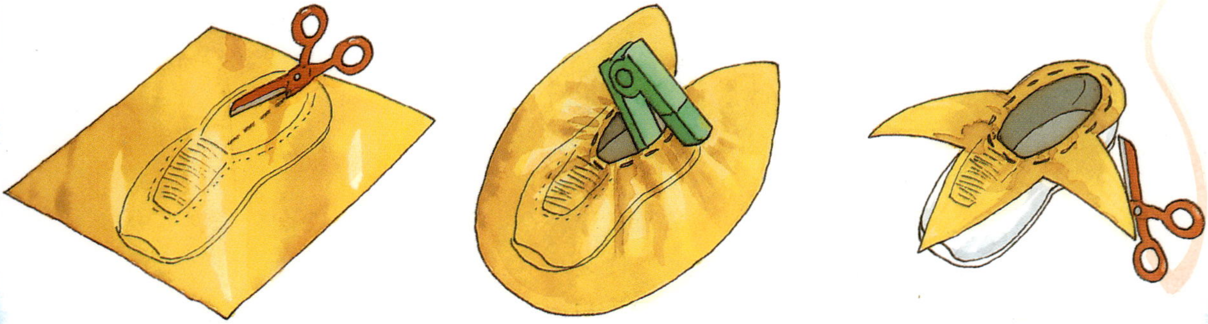

Placer un morceau de papier doré au-dessus du chausson. Le découper comme indiqué. Agrafer le papier à l'intérieur du chausson. Découper des triangles.

Prendre un bout de fil doré d'environ 8 cm, puis enfiler une perle à une extrémité et la fixer en enroulant le fil. Découper un morceau de Scotch pour fixer la perle par en dessous sur chaque triangle.

Fin

ISBN 2.215.069.36.8

Dépôt légal à la date de parution.
Conforme à la loi n° 49-956 du 16 juillet 1949
sur les publications destinées à la jeunesse.
Imprimé en Italie par Ercom. (05-05)